GARDEL-HERVÉ & DELPHI-FABRICE

TÉMOIN !

Pièce en un Acte

Représentée pour la première fois à Paris, à L'ELDORADO, le 1er avril 1903.

4 H. — 3 F.

VISA DU 30 MARS 1903

PARIS
C. JOUBERT, Éditeur, 25, rue d'Hauteville.

Répertoire de la Société Lyrique.

Anciennes Maisons BRANDUS & JOUBERT réunies

C. JOUBERT, Successeur

ÉDITEUR DE MUSIQUE

PARIS. — 25, Rue d'Hauteville, 25. — PARIS

RÉPERTOIRE

DES OUVRAGES DE CONCERT EN UN ACTE

ABRÉVIATIONS : D. Veut dire du répertoire de la Société Dramatique, 8, rue Hippolyte Lebas. — Le surplus appartient au répertoire de la Société Lyrique, 10, rue Chaptal.

LOC. Veut dire : La musique n'est qu'en location et ne se vend pas.

Vaudevilles et Opérettes

AUTEURS	TITRES DES ŒUVRES	Hommes	Femm	Prix nets.	AUTEURS	TITRES DES ŒUVRES	Hommes	Femm	Prix nets.
Marsan (de)	A bas les hommes	9 ou 6	9 ou 6	loc.	Moreau-Gramet	Bougnol et Bougnol	4	2	loc.
Saint-Maurice	Abricot (L') d	troupe	»	loc.	Villebichot	Boum ! Servez chaud	3	2	4 »
D. Campisiano	Absalon	2	1	6 »	H. Moreau-Arnould	Braves gens (Les)	7	5 ou 7	loc.
E. Fournier	Accordeur (L')	2	3	loc.	H[illegible]	Brelan de bègues	2	1	5 »
Guillemaud	Adrien n'aime pas le Piano	3	1	loc.	H. Moreau et Maurice	Bretelles (Les)	2	1	loc.
Vallès-Garnier	Affaire Cœurdeveau (L')	5	1	loc.	F. Bernicat	Cadets de Gascogne (Les)	troupe		7 »
St-Paul-G. Rose fils	Agence est au-dessus (L')	3	3	loc.	Banès	Cadiguette (La)	1	1	5 »
F. Bernicat	Agence Rabourdin (L')	1	1	5 »	Saint-Paul	Cage de l'Oncle Tom (La)	3	2	loc.
Moreau	Ah ! c'te Veine d	7	7	loc.	Lebreton	Caïn	3	2	loc.
L. Bouvet-F. Muffat	Ah ! la chouett' revue	4	4	loc.	Javelot	Calino amoureux	2	1	3 »
Japy	A huitaine	troupe	»	5 »	Lebreton et Soudant	Camelots (Les)	6	5	loc.
C. Roland	Aiguilleur (L') d	1	1	loc.	Chevalet-Audray	Canne d'un grand homme (La) d	2	2	loc.
S.-Paul-Rose fils	Air de la mer (L')	4	4	loc.	E. Bouchaud	Cantine Grovot (La)	5	3	loc.
Bessière	A la Caserne	6	2	loc.	Lebreton-Moreau	Ça porte bonheur	5	3	loc.
Lebreton-Bouvet	A la légion étrangère d	troupe	»	loc.	V. Herpin	Capricorne (Le)	troupe	»	loc.
Ch. Esquier	Allumeur (L') d	2	1	loc.	F. Barbier	Carmagnole (La)	3	3	5 »
L. Bouvet	Ami Chambardel (L')	3	1	loc.	Lebreton-Moreau	Carnaval conjugal (Le) d	9	9	loc.
C. Roland	Amie de pension (L')	1	3	loc.	A. Berthon	Carnaval des 4 z'arts	6	2	loc.
D. Jourda	Amies de nos Amis (Les) d	2	3	loc.	Levavasseur	Carte de visite (La)	3	3	loc.
De Marsan	Ami Roscanvel (L')	4	3	loc	Autigeon-Desplan	Cascadin et Cie	6	5	loc.
Bessière-Ruffier	Ami Vandière (L) d	7	6	loc.	O. Méténier-D. Fabrice	Casque d'or	1	3	loc.
Lebreton	Amour à coups de poings (L')	2	2	loc.	Léon Jancey	Cavalier Fourlot	2		loc.
Lebreton-St-Paul	Amour en dentelles (L')	2	2	loc.	Chabaud, Colonge Tranchant	Ce pauvre Bobinet	2	1	loc.
G. Street	Amour en livrée (L')	3	1	5 »	De Marsan	Ce Sacré Narcisse	4	4	loc.
Desormes	Amour et l'appétit (L')	1	1	4 »	E. Soudant	Ces canailles de couturières ! d	6	6	loc.
Vallès-Garnier	Amour et sauvetage	3	2	loc.	Gribinski	C'est demain la première	5	2	loc.
A. Petit	Amoureux d'Yvonne (Les) d	5	3	5 »	A. Mesnil-P. Raymond	C'est la vie	3	2	loc.
V. Roger	Amour Quinze-Vingt (L')	3	1	4 »	G. Rose fils-F. Bouveret	C'est un secret de polichinelle	2	2	loc.
Bettin, Boulay-Layrice	Amours d'un piston (Les)	3	2	loc.	Chelu	Chambre à louer	1	1	»
M. Gribinski	Annonce (L')	3	3	loc.	Guvillier	Chambre à part d	4	2	loc.
Desormes	Antoine et Cléopâtre d	2	1	4 »	Henry Moreau	Chambre de bonne d	3	2	loc.
Paul Landay	Apache est de rigueur (L')	1	2	loc.	L. Bouvet	Chanson de Florentin (La)	8	2	loc
Bessier-Moreau	Aphrodites (Les) d	4	8	loc.	V. Roger	Chanson des Écus (La)	3	1	4 »
Dorfeuil-Moreau	Après la vie de Bohême d	troupe	»	loc	P. Henrion	Chanteuse par amour (La) d	»	1	6 »
L. Bouvet	A propos de bottes	2	»	loc.	E. André	Chaos (Le)	1	1	4 »
J. Emmecé	A qui le gosse ?	troupe	»	loc.	Moreau-Boucherat	Chasse royale d	troupe	»	loc.
Monnery-Marien	Argot tel qu'on le parle (L)	5	3	loc.	Lebreton-Moreau	Chasseurs Alpins (Les) d	6	8	loc.
M. Chantagne	Arracheuse de dents (L')	2	1	4 »	Cieutat	Chaste Suzanne (La) d	troupe	»	loc.
Marc Sonal	Arrêts de rigueur	1	1	loc.	H. Gilbert	Chaste Suzanne	2	2	loc.
Dourel, Roydel, Desjardin	Artistes pour rire d	6	4	loc.	Yvel	Chéri des Dames	4	2	loc.
Géraldy	Ascension du Mont-Blanc (L')	1	1	4 »	Dourel, Roydel, E. René	Chevalier Tric-Trac (Le)	2	3	loc.
L. Martin-Duhem	Auberge du Tambour battant (L')	2	2	loc.	Dourel-Roydel	Chez la Costumière d	troupe	»	loc
Dudot-de Gorsse	Au Chat qui pelote d	troupe	»	loc.	Meynard	Chez le dentiste	3	1	3 »
Banès	Au Coq huppé	3	2	5 »	Lhuillier	Chez les Corniquet	1	»	1 »
D. Fabrice-des Planches	Audience est ouverte (L')	5	5	loc.	G. Rosenquest	Chicard et Bébé	1	1	4 »
Carpentier et J. Meudrot	L'Audition de Saint Glinglin	3		loc.	Bomier	Chien et Chat d	4	1	loc.
Ozès	Au soleil d'or d	3	2	6 »	Boulay-Layrice	Choc en retour d	2	2	5 »
Lebreton-Moreau	Au temps des cerises d	5	3	loc.	L. Bouvet	Cinq à sept de chez Pétrone (Les)	6	4	loc.
Guérineau	Auteur par amour	1	2	5 »	Moreau-Gramet	Cinq contre un	3	5	loc.
Lebreton-Moreau	Autour d'une guérite d	3	2	loc.	L. Bouvet-F. Muffat	Cinq sous de Lavarenne (Les) d	4	3	loc.
Henry Moreau	Avant le bal	1	1	3 »	E. Brasseur-L.T.	Circulaire du Préfet (La)	6	2	loc.
L. Rivaux et G. Dubreuil	Avarié du Mardi-Gras (L')	3	2	loc.	Villebichot	Cirque Ponger's (Le)	troupe	»	6 »
Colonge, Garofalo, Combret	Baba Bouzouck d	5	6	loc.	B. Lebreton-E. Blairat	Clef des Songes (La)	4	3	loc.
Deransart	Baigneur et nageuse	1	1	3 »	L. Bouvet	Clémence d'Auguste (La)	2	1	loc.
Autigeon, Dourel-Roydel	Baigneuses de Cocotteville (Les)	5	9	loc.	Bessière	Clou (Le)	2	2	loc.
Moreau	Balayeur de chez Maxim's (Le) d	7	8	loc.	L. Collin	Coco Bel-Œil	3	1	loc
Rose fils et Ryvez	Banquier malgré lui	3	3	loc.	A. Petit	Cocotte et chiffonnier	1	1	6 »
Laserre	Barbe-Bleue	1	»	2 »	L. Bouvet	Codicille (Le)	4	4	5 »
L. Moche	Baronne	2	11	loc	Ch. Mougel-de Marsan	Colo saute le mur (Le)	5	3	loc.
Ratcée-Tranchant	Bataillon Desroches (Le) d	10	0	loc.	Villemer, Delormel, Péricaud	Colosse de Rhodes (Le)	3	»	4 »
Autigeon-Desplan	Battage (Le) d	2	1	loc.	L. Bouvet-G. Arribat	Commandant Lavertu (Le)	5	4	loc.
A. Moyne	Béguin d	2	11	loc.	S.-Paul-G. Rose fils	Commissaire est embêté (Le)	3	2	loc.
Mestre-Aubry	Belle Dinde (La) d	9	1	loc	Boulay-Layrice	Complice (Le)	3	2	loc.
De Marsan	Belle-mère apprivoisée (La)	4	3	loc	A. Petit	Confections pour dames	2	4	5 »
Lebreton-St-Paul	Belle-mère est sans pitié (La)	2	2	loc.	L. Bouvet-Schmoll	Congrès des Cocottes (Le)	5	7	loc.
Wachs	Bibi ou l'Enfant de l'Amour	1	1	4 »	G. Tonze H. Barbé	Conquêtes difficiles	3	1	loc.
Bouvet-Muffat	Bigame de la Bastille (Le)	3	3	loc.	Lebreton-Moreau	Conscrits bretons (Les) d	7	5	loc.
C. Roland	Bimariés	1	1	loc.	L. Collin	Conscrit tyrolien (Le)	1	1	3 »
L. Lebreton, L. Marc	Bon billet de logement (Le)	7	6	loc	E. Brasseur	Constat d'adultère d	6	3	loc
F. Bouvet-F. Muffat	Bonne nuit Tardiveau !	3 ou 2	2 ou 1	loc.	Habrekorn et P. Marc	Contes de Piron (Les)	2	10	loc.
E. Bessière	Bonsoir !!!	1	1	loc.	Lebreton-Moreau	Contrôleur des Wagons-Bars (Le)	5	3	loc.
Cellier-Joullot	Boudoir discret	2	1	loc.					

GARDEL-HERVÉ & DELPHI-FABRICE

Pièce en un Acte

Représentée pour la première fois à Paris, à L'ELDORADO, le 1er avril 1903.

4 H. — 3 F.

VISA DU 30 MARS 1903

PARIS
C. JOUBERT, Éditeur, 25, rue d'Hauteville.

Répertoire de la Société Lyrique.

TÉMOIN !

Pièce en un Acte

De MM. GARDEL-HERVÉ & DELPHI-FABRICE

PERSONNAGES :

POUPARD, employé de commerce	MM. CARL-STAR.
CLAQUEDUR, cocher de fiacre	DUTARD.
LUCIEN BIROTEAU, cycliste	SALVATOR.
FLACK, agent	ALBENS.
Mme MINOUCHON, belle-mère de Poupard	Mmes STELLY.
BLANCHE POUPARD, sa fille	DHOMAS.
EULALIE, bonne	DAREY.

Le théâtre représente une salle à manger. Au fond, porte d'entrée, à droite 1er plan, cheminée garnie. A droite, 2e plan, porte praticable. A gauche, 1er plan, petite porte de la cuisine. Au fond, de chaque côté de la porte d'entrée, buffet et dressoir sur lequel se trouve un buvard et ce qu'il faut pour écrire, la table mise, 3 couverts, chaises de salle à manger.

SCÈNE PREMIÈRE

Eulalie, *finissant de mettre le couvert.*

Mon Dieu, que c'est donc difficile de servir à Paris ! Moi qui n'avais jamais servi qu'à la campagne, je suis toute dépaysée !... J'aurais cependant bien voulu rester dans c'te place là ! Trente francs par mois. Je ne les avais jamais gagnés. Enfin, je ferai de mon mieux, quoi ?

BLANCHE, *dans la coulisse.*

Eulalie ! Eulalie !

EULALIE, *au public.*

C'est madame qui m'appelle ! (*Criant*) Je suis là, madame.

BLANCHE, *dans la coulisse.*

Et le déjeuner ?

EULALIE, *criant.*

Il est prêt !... (*Au public*) Il y a au moins un quart d'heure qu'il est prêt !

SCÈNE II

Blanche, Eulalie.

BLANCHE, *entrant.*

Ah ! ça, vous ne m'entendez donc pas ?

EULALIE

Mais si ! J'ai répondu...

BLANCHE

A qui ?

EULALIE

A vous !

BLANCHE

Qui ça, vous ?

EULALIE, *troublée.*

A vous... madame Poupard.

BLANCHE

Ah ! ma pauvre fille, vous serez difficile à dégrossir !

EULALIE, *se regardant.*

Madame me trouve trop grosse ?

BLANCHE, *haussant les épaules.*

Et ce déjeuner ?

EULALIE

Il est prêt depuis un quart d'heure... mais m'sieu n'est pas encore rentré.

BLANCHE, *à part.*

Oh ! ce Ferdinand !

EULALIE

L'embêtement, c'est le gigot qui va être trop cuit.

BLANCHE

Retirez-le du feu.

EULALIE

C'est qu'après, il sera sec...

BLANCHE, *indifférente.*

Alors, laissez-le.

EULALIE

C'est qu'après il sera brûlé...

BLANCHE, *ennuyée.*

Alors enlevez-le !

EULALIE

C'est qu'après il sera froid...

BLANCHE, *agacée.*

Alors, laissez-le !

EULALIE, *très troublée.*

Bien, madame. (*Fausse sortie vers la gauche.*)

SCENE III

LES MÊMES, Mme **Minouchon**, *de gauche 2e plan.*)

Mme MINOUCHON, *dans la coulisse.*

C'est affreux ! C'est épouvantable ! *Entrant en scène et s'adressant à Eulalie qui va sortir*) Où allez-vous ?

EULALIE

A ma cuisine, madame, le gigot va brûler.

Mme MINOUCHON

Il s'agit bien du gigot... maladroite ! Encore un verre de cassé ! Avec mon encrier en porcelaine et ma boîte à gants, ça fait la troisième relique qu'elle me brise depuis quatre jours.

EULALIE

Je ne l'ai pas fait exprès...

Mme MINOUCHON, *indignée.*

Un verre de mon service à liqueurs ; un cadeau de mon mariage...

EULALIE

Ah ! ben vrai, ils ne sont pas neufs alors...

Mme MINOUCHON

Pas neufs ?... Quelle imbécile !... Vous paierez votre casse, je vous en réponds (*Prenant son carnet et écrivant*). Encrier : 6 fr. 25. Boîte à gants 8 fr. 95. Verrerie 1 fr. 50. Total 16 fr. 70 à vous retenir.

EULALIE, *pleurnichant.*

Sur mon mois de trente francs ?

BLANCHE

Naturellement.

EULALIE, *même jeu.*

Oh ! madame !

Mme MINOUCHON

Allez à votre cuisine.

BLANCHE, *inquiète.*

Le gigot va brûler...

EULALIE, *même jeu.*

Les z'haricots aussi, madame...

Mme MINOUCHON

Mais alors, filez donc à vos fourneaux !

EULALIE, *même jeu.*

C'est égal, ça ne fait plus trente francs par mois... (*Elle sort 1er pl. gauche.*)

SCENE IV

Blanche, Mme Minouchon

Mme MINOUCHON

Quelle brute ! Quelle buse ! (*A Blanche*). Mettons-nous à table...

BLANCHE

Ferdinand n'est pas encore rentré.

Mme Minouchon

Comment à midi et demi ? Décidément, ton mari en prend à son aise !

Blanche

Je n'y comprends rien ; il sort de son bureau à onze heures et demi...

Mme Minouchon

Et son bureau est à dix minutes d'ici !...

Blanche

Il est un peu flâneur, tu sais maman, un rien le distrait.

Mme Minouchon

C'est regrettable !... (*Changeant de conversation.*) Mon gendre est un muffle !...

Blanche, *protestant.*

Oh ! maman !

Mme Minouchon

Je ne m'en dédis pas... un homme qui fait attendre sa belle-mère, est un muffle !... et je me mets à table ! (*Elle va s'asseoir à la table.*)

Blanche

Le fait est qu'il est une heure moins un quart. C'est trop fort ! (*Elle va s'asseoir à la table.*)

SCENE V

Les Mêmes, **Poupard**, *puis* **Eulalie** *par instants.*

Poupard, *entre du fond, ses habits sont boueux et fripés, son front est orné d'une superbe bosse.*

Ah ! la la la la ! ouf !.. Quelle affaire !

Blanche, *l'apercevant et se levant vivement.*

Oh ! mon Dieu !.. Tu es blessé ! (*Elle sonne plusieurs fois.*)

Mme Minouchon, *se levant vivement de table.*

Il s'est battu !.. Il ne lui manquait plus que ça !..

Poupard

Mais non ! mais non ! Ce n'est rien belle maman !..

Blanche, *appelant.*

Eulalie ! Eulalie !

Eulalie, *entrant.*

Me v'là, madame ! me v'là !

Blanche

Vite... du vinaigre !

Eulalie, *de la cuisine.*

Oui, madame. (*Elle prend une bouteille et la donne à Blanche.*)

Poupard

Ah ! mes enfants !..

Blanche, *faisant respirer la burette à Poupard.*

Respire fort... ça te fera du bien !

Poupard, *naturel.*

Ça sent l'huile d'olive !

Blanche, *passant la fiole à Eulalie.*

Je vous ai dit le vinaigre... pas l'huile !

Eulalie

Je ne l'ai pas fait exprès, madame...

Blanche

Vite !

Eulalie

Oui, madame ! mais il est dans la bouteille... (*Elle sort.*)

Blanche

Ça ne fait rien !

Poupard

Non !.. c'est inutile .. Du madère me remettra... (*Il donne des pichenettes à son habit*) Ça n'est rien du tout !

Blanche, *inquiète.*

Pourtant cette bosse au front ?...

Mme Minouchon, *soupçonneuse.*

Vos habits en désordre ...?

Poupard, *heureux.*

Ah ! Blanche ! Ah ! belle-maman !

Blanche et Mme Minouchon, *ensemble.*

Quoi ?

Poupard, *béat.*

C'est le plus beau jour de ma vie !

Blanche

Tu es fou, Ferdinand !

EULALIE, *rentrant.*

V'là la bouteille !.. (*Blanche la prend et lui passe.*)

POUPARD, *la prenant vivement.*

Merci !.. (*Il boit à même la bouteille et recrache vivement.*) Aie ! Ah ! pouah ! Qu'est-ce que c'est que ça !

EULALIE

C'est le vinaigre...

POUPARD

J'ai dit du madère !.. Enlevez-ça !..

BLANCHE, *à Eulalie qui remporte la bouteille.*

Maladroite !..

Mme MINOUCHON

Il est si gourmand !.. Enfin, qu'y a-t-il ? que s'est-il passé ?

POUPARD

Je vais tout vous raconter.

Mme MINOUCHON

D'abord qu'on se mette à table, il est temps de manger.

BLANCHE

Oui !.. mangeons ! (*Appelant*) Eulalie ! (*Tous s'asseyent.*)

EULALIE

Madame ?

BLANCHE

Donnez les radis ; puis je vous sonnerai pour le gigot.

EULALIE

Bien, madame. (*Elle prend les raviers sur le buffet, les apporte sur la table. A part.*) Il doit être joli, le gigot ! (*Elle sort.*)

SCÈNE VI

Blanche, Mme Minouchon, Poupard.

BLANCHE, *à Poupard.*

Alors ?

POUPARD

Alors, je suis enchanté.

BLANCHE

Explique-toi !

POUPARD, *tout en mangeant.*

Voilà ! Je revenais doucement, quant au coin de la rue Lafayette et du faubourg Poissonnière, j'aperçois un fiacre qui courait ventre à terre. (*A Blanche.*) Tu vois ça d'ici ? Ventre à terre ! Et sur sa gauche, vous entendez sur sa gauche ! Je me retourne du côté de la rue Lafayette, pour regarder s'il n'arrivait pas un véhicule dans le sens contraire et j'aperçois...

Mme MINOUCHON, *l'interrompant.*

Un tramway ?.. Encore une rencontre de tramway ! on ne voit que ça !

POUPARD

Non, pas un tramway, mais un bicycliste qui pédalait à toutes jambes... D'un coup d'œil, je prévois la catastrophe, je veux crier : Arrêtez ! Arrêtez, malheureux ! Ma voix reste dans le fond de ma gorge... Et tout à coup, le fiacre et le cycliste fondent l'un dans l'autre... le fiacre entre dans le bicycliste...

Mme MINOUCHON

C'est affreux !

POUPARD, *se reprenant.*

C'est-à-dire, non ! c'est le bicycliste qui entre dans le fiacre...

BLANCHE

Je me disais aussi...

POUPARD

Bref ! cahot ! cris !.. Epouvanté, j'agite mon parapluie dans l'air... je pousse des cris d'enfer et je reçois un coup de pied dans le derrière qui m'envoie rouler à terre ! J'avais éborgné un passant !..

Mme MINOUCHON, *inquiète.*

Le parapluie est cassé ?..

POUPARD

Non ! rassurez-vous !.. Le passant est éborgné, mais le parapluie n'est pas cassé !

BLANCHE

Et la voiture ? le cycliste ?

POUPARD

Le cycliste sauvé, mais pas sa machine ! elle gisait sous la voiture... complètement démolie. Du coup, rassemblement, sergent de ville, on verbalise. Et comme j'étais le seul à avoir bien vu l'accident, étant donné que le monsieur éborgné n'avait plus rien vu, lui ! j'ai donné mon nom et mon adresse comme témoin...

BLANCHE, *surprise, on se lève.*

Comme témoin ?

POUPARD, *descendant au-dessus 2.*

Oui, témoin du cycliste contre le cocher, qui avait tort puisqu'il était sur sa gauche !

Mme MINOUCHON

Témoin ? Mais alors, vous allez passer devant les tribunaux ?

POUPARD, *satisfait.*

Apparemment, belle maman.

Mme MINOUCHON

Ça va être du joli !..

BLANCHE, *coléreuse.*

C'est ridicule ! Nous mettre en retard pour cela !..

Mme MINOUCHON

Vous, témoin... C'est idiot !.. Vous ne pouvez donc pas vous tenir tranquille !

POUPARD

Mais enfin, j'ai fait mon devoir de citoyen !

Mme MINOUCHON

Il ne vous manquait plus que ce vice-là... Vous étiez déjà flaneur, vous voilà témoin, maintenant !

POUPARD

C'est un honneur pour moi !..

Mme MINOUCHON

C'est une imbécillité ! Vous allez trainer votre nom au Palais de Justice, au milieu des voyous et des assassins !

POUPARD

Permettez... pas de la même façon.

Mme MINOUCHON, *doctorale.*

Vous êtes sur la mauvaise pente, mon gendre. On commence par être témoin et on finit par être accusé... Vous déshonorez la famille !

POUPARD

Allons donc !

BLANCHE

Tu vas perdre ton temps ! Aller témoigner !..

POUPARD

Pardon, si je veux il y a l'indemnité !

BLANCHE

Quelle indemnité ?

POUPARD

Une indemnité de quarante sous octroyée à tout témoin par le tribunal ; mais, sois tranquille, je ne l'accepterai pas.

Mme MINOUCHON

Comment, vous ne l'accepterez pas ?.. Ah ! ça, vous vous croyez donc millionnaire ? Vous voulez refuser l'argent, maintenant ? L'argent d'un gouvernement qui nous dépouille ! Mon gendre, vous êtes une poire !

POUPARD

Belle maman !

Mme MINOUCHON

Je ne m'en dédis pas !.. et cette vie-là ne peut continuer pour ma fille...

POUPARD

Mais cependant...

BLANCHE

Maman a raison !.. Jusqu'à présent, je vous ai supporté tous vos caprices, vos habitudes de badaud. Mais je vais changer, mon cher mari ! Et si vous voulez persévérer dans cette voie...

Mme MINOUCHON, *l'interrompant.*

...Criminelle...

BLANCHE

Je divorcerai, monsieur !

POUPARD, *passant.*

Ah ! ça non !.. ma petite femme !

Mme MINOUCHON

Nous divorcerons, monsieur !

POUPARD

Ah ! ça oui !.. belle-maman... avec vous ! (*A part*) Remplissez donc vos devoirs de citoyen !..

Blanche, *elle sonne.*

Maintenant, continuons à déjeuner.

SCÈNE VII

Les Mêmes, **Eulalie.**

Eulalie, *entrant tenant gauchement un plat de la main droite, et le gigot par le manche de la main gauche. Bien entendu le gigot au-dessus du plat.*

Le v'là le gigot !

Mme Minouchon

Vous ne pourriez pas porter les choses plus proprement... Ah ! ça, ma fille, où avez-vous donc servi ?

Eulalie

Madame !

Blanche

Suffit ! Donnez le gigot à monsieur, pour qu'il le découpe.

Mme Minouchon

Et la sauce ?

Eulalie

Il n'y en a plus de sauce.

Mme Minouchon

Comment, il n'y a plus de sauce !

Eulalie

Non, madame... Elle a brûlé... Je ne l'ai pas fait exprès !

Mme Minouchon *se lamentant.*

Ah !.. Brûlée ! Une sauce brûlée !

Poupard, *après avoir flairé le gigot.*

C'est comme le gigot !

Blanche

Quoi, le gigot ?

Poupard, *il découpe.*

Il est brûlé aussi !

Mme Minouchon, *furieuse.*

Un gigot de six francs vingt cinq !

Blanche

Mais ce n'est pas possible ! (*Elle flaire à son our le gigot*) C'est vrai, il est brûlé. (*A Eulalie*) Vous ne savez donc pas faire cuire un gigot, ma pauvre fille vous êtes donc bouchée à l'émeri !

Eulalie

Je ne l'ai pas fait exprès !

Mme Minouchon

Attendez ! attendez ! (*Additionnant sur un petit calepin.*) Encrier 6 75. Boîte à gants 8 95. Verrerie 1 50. Gigot 6 25. Total 23 fr. 45 à vous retenir !..

Eulalie

Sur mon mois de 30 francs ?

Mme Minouchon

Naturellement...

Eulalie

Ah ! bien zut alors !..

Mme Minouchon, *sévère.*

Mademoiselle !

Blanche, *à Poupard.*

Tout ça, c'est ta faute...

Poupard

Allons bon, voilà autre chose maintenant, non, mais allez-y !.. Dites que c'est moi !.. (*On sonne.*)

Blanche, *à Eulalie se levant.*

Une visite... nous n'y sommes pour personne.

Eulalie

Bien, madame. (*Elle sort par le fond.*)

Mme Minouchon

Qui ça peut-il bien être ?

Poupard, *se lève.*

Peut-être un ami qui vient me demander à déjeuner...

Mme Minouchon

A cette heure-ci ?

Blanche

Il serait bien reçu !

Poupard

Je dis ça... c'est peut-être les fumistes, nous les attendons... (*Bruit dans la coulisse.*)

SCENE VIII

Mme Minouchon, Blanche, Poupard, Claquedur

CLAQUEDUR, *paraît au fond, il tient son fouet à la main et parle à la cantonade.*

Je sais qu'il est là, votr' bourgeois et je veux le voir...

EULALIE, *dans la coulisse.*

Mais monsieur...

CLAQUEDUR

Y a pas de : mais monsieur... Je veux y parler !

POUPARD, *se levant.*

Qu'est-ce que c'est ?

CLAQUEDUR, *venant à Poupard.*

Vous, vous êtes un salaud...

Mme MINOUCHON *et* BLANCHE, *se levant.*

Oh !... oh !...

CLAQUEDUR

Je vas y apprendre à être témoin contre un pauvre cocher...

Mme MINOUCHON, *à Poupard.*

Témoin !... vous voyez !... Témoin !...

BLANCHE, *à Poupard.*

Quelle folie !

POUPARD

J'ai fait mon devoir de citoyen et j'en suis fier !...

CLAQUEDUR

Et bien moi, je vais vous foute une trempe !

Mme MINOUCHON, *indignée.*

Une trempe ?

POUPARD, *se mettant en garde.*

Eh bien ! qu'il y vienne !

Mme MINOUCHON, *passe 3.*

Mon gendre, vous n'allez pas vous battre ici !

CLAQUEDUR

Son gendre ?... Vous êtes la belle mère ? Chouette... Alors, vous allez m'aider à cogner... (*Marchant sur Poupard*) Espèce de propre à rien... T'as eu le toupet de dire que j'étais sur ma gauche ?...

POUPARD, *criant, derrière la table.*

N'avancez pas !... Oui... oui !... Vous étiez sur votre gauche.

CLAQUEDUR

T'en as menti, j'étais su ma droite !

POUPARD

Sur votre gauche !

Mme MINOUCHON

Puisque mon gendre a vu...

CLAQUEDUR

Quoiqu'il a vu...

BLANCHE

Que vous étiez à gauche !

CLAQUEDUR

C'n'est pas vrai !... Qu'il ne répète pas ça ou je lui casse la gueule...

Mme MINOUCHON, *indignée.*

Mossieu !...

CLAQUEDUR

Et à sa belle mère aussi !... (*Il fait claquer son fouet.*)

BLANCHE, *à Eulalie.*

Vous êtes folle d'avoir laissé entrer cet homme !

EULALIE

Mais, il m'a poussé, madame...

CLAQUEDUR

J'entre partout moi, je m'en fous, je suis du syndicat !... (*A Poupard*) Et puis tu vas me signer tout de suite que t'en as menti ! J'étais sur ma droite !

POUPARD

Jamais de la vie !

CLAQUEDUR

Alors, gare là-dessous ! (*Il frappe sur la table avec le manche de son fouet, ce qui fait sauter les verres et les assiettes en faisant grand bruit.*)

Mme MINOUCHON, *se trouvant mal.*

Ah !... A moi ! Au secours ! au secours !... (*Elle tombe assise sur une chaise.*)

BLANCHE, *secourant sa mère.*

Maman !... maman ! mais c'est une infamie !...

POUPARD

Ça ne se passera pas ainsi...

Mme MINOUCHON, *presque évanouie.*

Ah ! je me trouve mal ! Je me trouve mal !..

CLAQUEDUR

Donnez-y donc à boire, ça la remettra ! (*Il va à la table et verse un plein verre de vin.*)

BLANCHE, *dans les bras de sa mère.*

C'est épouvantable !.. (*A Poupard*) C'est votre faute...

POUPARD

Mais ma petite femme... je t'en prie, ne te fâche pas ! Je te jure !

CLAQUEDUR, *présentant un grand verre plein de vin.*

Faites-y avaler ça !..

BLANCHE, *à Claquedur.*

Un verre pareil ?..

CLAQUEDUR

C'est vrai qu'il y en a trop. (*Il vide le verre de vin d'un seul trait et le remet sur la table.*) Pas mauvais !.. (*A Mme Minouchon*) Ça va-t-il mieux ?

BLANCHE, *à Claquedur.*

Vous allez sortir d'ici !

CLAQUEDUR

Pas avant que ce pistolet là... (*Il montre Poupard*) m'ait signé que j'étais sur ma droite.

POUPARD

Ça n'est pas vrai ! Non ! non !

CLAQUEDUR

Alors, je vas te crever !

POUPARD

Il est enragé !

BLANCHE

Vite ! un agent... Eulalie, courez chercher la police...

EULALIE

Oui, madame... (*Elle sort vivement.*)

CLAQUEDUR

La police je m'en fous, je suis du syndicat !

Mme MINOUCHON, *revenant à elle se levant en faisant un bond.*

Mais il se fout de tout, cet homme-là !..

CLAQUEDUR

V'là le papier ! (*Il sort un papier de sa poche*) Veux-tu signer oui z'ou non ? (*Il le menace.*)

POUPARD

Non !

CLAQUEDUR

Alors, je vas vous crever tous !

Mme MINOUCHON, *effrayée et vivement.*

Signez, mon gendre ! Signez ! Vous voyez bien que cet homme-là, va nous assassiner !

POUPARD

Mais belle maman... je ne peux pas signer ça.

BLANCHE, *à Poupard.*

Il le faut ! Monsieur !

CLAQUEDUR, *à Poupard.*

Signe donc... pour ta famille... et puis il n'est que temps... ou gare la vaisselle, les meubles et les particuyers !

Mme MINOUCHON, *à Poupard.*

Signez tout de suite ou j'emmène ma fille !..

POUPARD, *inquiet.*

Oh ! non ! non ! pas ça !.. Je signe, belle maman, je signe ! (*Il prend le papier des mains de Claquedur va au petit bureau et signe.*)

BLANCHE, *à Claquedur.*

Mais nous déposerons une plainte...

Mme MINOUCHON

Nous en déposerons deux, mossieu !

CLAQUEDUR, *riant.*

Ah ! la la la la... des plaintes de belle-mère. Ça ne vaut pas un pet de lapin !.. Etes-vous syndiquées ?.. Non !.. alors des marrons ! (*Il fait claquer son fouet.*)

Mme MINOUCHON, *à Blanche.*

Quelle canaille !

BLANCHE

Et Eulalie qui ne revient pas avec un agent !

CLAQUEDUR, *à Poupard.*

Eh ben ! Et c'te signature !..

POUPARD

Voilà ! (*A Claquedur*) J'obéis à ma belle-mère et à ma femme, vous entendez bien, et non pas à vos menaces... (*Il lui donne le papier plié.*)

BLANCHE

Et maintenant partez !

CLAQUEDUR, *prenant le papier.*

Ah ! mais non, ça ne suffit pas. Ma journée est perdue ! C'est vingt cinq francs !..

Mme MINOUCHON

Vingt cinq francs ?

BLANCHE

Mais Eulalie ne reviendra donc pas ?

CLAQUEDUR

Elle peut revenir... mais moi je ne m'en irai pas sans mon pognon...

Mme MINOUCHON

Jamais !...

POUPARD, *furieux.*

Vous allez sortir immédiatement !

CLAQUEDUR, *menaçant.*

Ma galette ou gare le chambardement !

(*Il tape sur la table avec son fouet. Tous sont effrayés*).

POUPARD

Ah ! le brigand !

BLANCHE

Le gueux !

CLAQUEDUR

Eh bien, tenez ? Je suis un brave homme ! Donnez-moi vingt francs seulement et je fous le camp !

Mme MINOUCHON, *émotionnée.*

Oui... oui... vingt francs !... les voilà ! (*Elle les prend dans son porte-monnaie*) Et fout... (*Se reprenant*) Et fichez le camp ! Tenez, les voilà les vingt francs !... Allez ! allez ! (*Elle donne vingt francs au cocher.*)

CLAQUEDUR, *prenant les vingt francs.*

A la bonne heure ! Comme ça, on finit par s'entendre... à revoir mon témoin... car c'est mon témoin maintenant ce gonze-là !... (*Saluant Blanche*) Madame !... (*A Mme Minouchon*) Belle-maman, à la revoyure ! (*Il sort en fredonnant.*)

Les cochers de fiaque
C'est des bons enfants
Des joyeux vivants
Qui n'ont jamais l' traque.

(*Il sort.*)

SCÈNE IX

Poupard, Mme Minouchon, Blanche, *puis* **Eulalie.**

BLANCHE, *se croisant les bras devant Poupard.*

Eh bien, M. Poupard ?

Mme MINOUCHON

Vous avez voulu être témoin ! Vous êtes content maintenant, hein ?..

POUPARD

J'ai la conscience d'avoir rempli mon devoir de citoyen !..

Mme MINOUCHON

Bougre d'imbécile...

BLANCHE

Sans compter que la signature que vous venez de donner à ce misérable va être singulièrement jugée !..

Mme MINOUCHON, *venant à Poupard.*

Vous avez signé le contraire de votre parole, vous, mon gendre !.. à ce cochon ! (*Se reprenant*) cocher !.. à ce charretier...

POUPARD, *sortant de son caractère.*

Mais vous lui avez bien donné une pièce de vingt francs, vous...

Mme MINOUCHON, *avec dignité.*

C'est une pièce du pape, Monsieur !.. sans ça... (*Elle va s'asseoir.*)

POUPARD

Alors, elle est mauvaise !.. Elle est fausse !..

Mme MINOUCHON

Comme vous même... Je la réservais pour payer le mois de la bonne !

POUPARD, *à part.*

Elle est assez canaille, ma belle-mère !

EULALIE, *arrivant du fond et toute essouflée.*

Ouff ! me voilà ! Pas d'agents au bureau ! On enverra le premier qui rentrera !

Mme MINOUCHON

Il est bien temps... Vite servez !.. cette émotion m'a creusée. Donnez-nous les haricots... (*Blanche va s'asseoir.*)

EULALIE

Bien, madame. (*Elle sort vivement par la cuisine.*)

POUPARD, *qui s'est assis à la table.*

Mais vous savez belle-maman qu'en réfléchissant il me semble bien en effet que le cocher était sur sa droite et que le bicycliste était sur sa gauche !

Mme MINOUCHON, *montrant Poupard.*

Et on appelle ça un homme !

POUPARD, *regardant Blanche.*

Je l'espère !

EULALIE, *rentrant et apportant un plat de haricots.*

V'la les z'haricots !

POUPARD, *les flairants.*

Mais ils sont brûlés !..

EULALIE

Je ne l'ai pas fait exprès...

Mme MINOUCHON, *colère à Eulalie.*

Vous les paierez ma fille ! Vous les paierez ! (*Elle tire un calepin et écrit.*)

EULALIE, *pleurnichant.*

Alors, je n'aurai plus d'argent à toucher sur mon mois de trente francs...

Mme MINOUCHON

Trouvez-vous heureuse si vous n'en avez pas à rapporter ! (*On sonne*) Allons bon qu'est-ce qui nous arrive encore ?..

POUPARD

C'est sans doute l'agent !..

BLANCHE, *à Eulalie.*

Allez vite ouvrir !..

EULALIE, *pleurnichant toujours.*

Oui ! madame ! (*Elle sort*)

Mme MINOUCHON

Nous allons lui en faire un rapport à l'agent !

SCÈNE X

LES MÊMES, **Biroteau**.

EULALIE, *à la porte voulant empêcher d'entrer Biroteau.*

Mais monsieur, on n'entre pas !..

BIROTEAU, *en costume de cycliste.*

Si ! si ! laissez-moi passer ! laissez-moi le remercier. (*Il entre en scène et retire sa casquette; il est excessivement aimable et poli.*) Mesdames, Monsieur !

POUPARD, *à part.*

Allons bon, le cycliste à présent.

EULALIE, *à part.*

Ah ! qu'ils se débrouillent ! (*Elle sort*).

Mme MINOUCHON

Qu'est-ce que c'est que ça ?..

BIROTEAU, *à Poupard très vite.*

Ah, monsieur vous êtes un brave homme... Je n'ai pas voulu passer la journée sans venir vous remercier... vous me reconnaissez ? Je suis le cycliste pour lequel vous avez témoigné...

Mme MINOUCHON, *à Biroteau.*

C'est vous le cycliste ? (*Elle se lève.*)

BIROTEAU

Oui ! madame, et je tenais à remercier M. Poupard. C'est M. Poupard qui a vu, très bien vu...

POUPARD

C'est-à-dire que sur le moment...

BIROTEAU

Vous vous êtes parfaitement rendu compte de la situation et vous n'avez nullement été influencé car on n'a pas le droit d'influencer un témoin... je connais la loi... moi... je suis clerc d'huissier !.. Je n'ai jamais influencé un témoin, moi... Ainsi tenez...

Mme MINOUCHON

Permettez, Monsieur, je dois vous dire moi, que M. Poupard mon gendre...

BIROTEAU

Un brave homme ! un honnête homme, madame, et dont la déposition sera écrasante pour mon adversaire... Poupard, tu es mon ami ! *(Il sert la main de Poupard)* Il peut compter sur moi comme je compte sur lui...

BLANCHE, *à part.*

Quel affreux bavard !

POUPARD, *à Biroteau.*

Il faut que vous sachiez...

BIROTEAU

Inutile ! Je te comprends... c'est entendu... convenu, tu l'accableras cet infâme cocher... et c'est entre nous à la vie à la mort !...

Mme MINOUCHON, *l'interrompant.*

Eh bien, monsieur, vous faites fausse route... mon gendre n'est nullement votre témoin... il avait mal vu, c'est le cocher qui était à sa droite et c'est vous monsieur qui avez tort !

POUPARD

Oui, mais seulement...

Mme MINOUCHON

Il n'y a pas de mais seulement... Vous l'avez dit au cocher qui est venu tout-à-l'heure.

BIROTEAU, *même jeu.*

Le cocher est venu ici ?

BLANCHE

Nous insulter et nous menacer...

POUPARD

Oh ! mais ça n'est pour ça que j'ai signé qu'il était sur sa droite !

BIROTEAU, *indigné.*

Comment, vous avez signé ça ? Mais alors vous êtes un faux témoin, et je vais vous poursuivre, je suis clerc d'huissier moi, monsieur, et je connais la loi !... c'est un acte malhonnête.

POUPARD

Monsieur...

BIROTEAU

Je maintiens le mot. Voici ma carte ! *(Il lui donne sa carte.)*

POUPARD, *colère.*

Donnez-la à ma belle-mère, c'est elle qui m'a fait signer ! Elle vous rendra raison... *(Il prend la carte et la donne à Mme Minouchon.)*

Mme MINOUCHON

Un duel à présent ? Jamais !... Tout à l'heure, c'était l'insulte, maintenant, c'est l'assassinat ! *(A Poupart.)* Mon gendre vous êtes le dernier des imbéciles...

POUPARD

Moi ? Ah ! mais ! Ah ! mais !...

BLANCHE, *à Poupard.*

Taisez-vous !

EULALIE, *entrant.*

Madame, c'est l'agent...

TOUS

Qu'il entre ! qu'il entre !

SCÈNE XI

LES MÊMES, **Flack.**

FLACK, *entrant.*

Je vous demande pardon, je n'ai pu venir plus tôt.

Mme MINOUCHON, *faisant descendre l'agent à l'avant-scène.*

M. l'agent, voilà...

BIROTEAU

Permettez...

BLANCHE

Ma mère va vous expliquer...

POUPARD

Non, moi, d'abord...

BIROTEAU

Le témoin s'est laissé corrompre, article 453 du code pénal !...

POUPARD

Ça n'est pas vrai ! Je proteste !

BLANCHE

Il n'avait pas le droit d'être témoin...

Mme MINOUCHON

Sans le consentement de sa belle-mère !..

FLACK

Bon .. Bien... mais...

TOUS

Ecoutez-moi ! Je vais tout vous expliquer...

BIROTEAU

Il faut que vous sachiez...

BLANCHE

Vous devez connaître...

POUPARD

Il s'agit de bien comprendre ..

Mme MINOUCHON

J'en appelle à votre autorité...

Ensemble.

FLACK, *les interrompant, en sortant son baton blanc qu'il lève en l'air.*

Permettez ! Permettez ! *(Puis, fouillant dans sa poche)* je vais prendre mon petit *canepin* et je vais écrire tout ça !

Mme MINOUCHON

Pas besoin d'écrire...

BIROTEAU

Non, c'est inutile...

Mme MINOUCHON, *très digne à Biroteau.*

Ah ! monsieur ! Taisez-vous ! laissez-moi ! parler la première... je suis femme !

BIROTEAU

C'est vrai !

FLACK, *à part.*

Et une rude femme !.. *(Haut)* Allez-y !..

Mme MINOUCHON

Un cocher...

FLACK

Bon !.. *(Il écrit).*

Mme MINOUCHON

Est venu nous insulter...

BIROTEAU

Pour les influencer..

POUPARD

Ça n'est pas vrai !...

BLANCHE, *à Poupard.*

Ça n'est pas vrai ! Taisez-vous !

Mme MINOUCHON

Et mon gendre... qui est un crétin...

POUPARD

Ah ! dites donc !..

FLACK, *interrompant Poupard.*

Laissez madame dire la vérité. *(Continuant d'écrire sur son calepin)* qui est un crétin... après ?

Mme MINOUCHON

Est témoin sans l'être...

BIROTEAU

Pardon ! Il était le mien d'abord...

FLACK, *à Mme Minouchon.*

Et ensuite ?

BIROTEAU

Ensuite... il se trouve que...

FLACK, *à Biroteau.*

Taisez-vous !... C'est à la grosse mère que je parle... là !...

Mme MINOUCHON, *stupéfaite.*

La grosse mère ?

FLACK, *à Mme Minouchon.*

Allez-y... continuez votre déposition : vous avez eu des escandales chez vous ?

EULALIE, *entrant vivement.*

Monsieur, madame, c'est le cocher qui revient et qui veut vous parler...

POUPARD

Encore lui !...

Mme MINOUCHON, *effrayée.*

Renvoyez-le !

EULALIE

Il dit que vous lui avez donné une mauvaise pièce !...

Mme MINOUCHON

C'est faux !

POUPARD

Tout ce qu'il y a de plus faux !

Mme BLANCHE

Chassez-le !

FLACK

Au contraire laissez-le venir, je vais l'interroger. (*Eulalie sort*).

BIROTEAU

C'est cela !

Mme MINOUCHON

Je ne veux pas le voir... je ne veux pas le voir !... Viens ma fille !...

BLANCHE

Oui, maman !

Mme MINOUCHON, *furieuse.*

Et n'avoir pas encore déjeuné !... Et tout ça par la faute de ce... témoin !... (*Elle montre Poupard*) Mais vous divorcerez, je vous en réponds, vous divorcerez !... Viens Blanche, viens...

BLANCHE

Oui, mère... (*A Poupard en sortant*) Vous êtes un monstre, vous entendez ! un monstre. (*Elle sort avec sa mère 2e plan droite*).

POUPARD, *au public, en passant.*

Ça m'a réussi d'être témoin!

SCÈNE XII

Poupard, Biroteau, Flack, Claquedur

CLAQUEDUR, *entrant en scène.*

Elle m'a foutu z'une fausse pièce la belle-mère, c'est un vol qualifié ! (*En voyant l'agent il a retiré son chapeau et est très poli, tout le contraire de ce qu'il était à la scène précédente.*)

FLACK

Chut !... assez !... nous allons causer. J'ai votre numéro, vos noms et prénoms sur mon *canepin*. Vous êtes venu ici faire des escandales avec ce particulier ? (*Il désigne Biroteau*).

BIROTEAU

Permettez ! Je me nomme Biroteau. Au moment de l'accident vous m'avez aussi inscrit sur votre *canepin* .. pour ma bicyclette brisée.

FLACK

Oui !.. oui !... (*A Poupard*) Vous, vous êtes le témoin ?

BIROTEAU

C'est le mien !...

CLAQUEDUR

Non, c'est le mien !

FLACK

Comment ça ?

POUPARD

Oui et non ! non et oui ! Je me suis trompé !

FLACK

Alors, vous êtes témoin des deux, maintenant ?

POUPARD

Non et oui ! oui et non ! Vous vous rappelez bien qu'à la rue Lafayette ..

CLAQUEDUR, *lui coupant la parole.*

Et puis on m'a donné une fausse pièce, j'suis rousti ! Je les attaque !

FLACK

Qu'est-ce que vous attaquez ?

CLAQUEDUR

Les bourgeois... les sales bourgeois, mon agent !

FLACK

Pourquoi que vous êtes venu au domicile du particuyer ?

CLAQUEDUR

Pour l'engueuler... mon agent... mon doux agent.

FLACK

Ça, c'est une raison.

POUPARD

Il en a un aplomb !

BIROTEAU

Mais moi, j'étais venu le remercier...

FLACK

Qui ça ?

BIROTEAU

Le témoin.

FLACK

De qui ?

BIROTEAU

Le mien !

CLAQUEDUR

Non, le mien !..

FLACK

Pourquoi ?

BIROTEAU

Pour avoir dit la vérité.

FLACK

A qui ?

BIROTEAU

A moi !..

CLAQUEDUR

Non ! à moi !..

FLACK, *ne comprenant rien.*

Bon !.. Bien !.. Bon ! (*au cocher*). Mais qui vous a donné une fausse pièce ? C'est-y votre témoin ?

BIROTEAU

Oui !... C'est le mien !..

CLAQUEDUR

Non ! c'est la belle-mère...

POUPARD

Ça n'a pas de rapport...

FLACK

Attendez ! attendez ! Je n'y comprends plus rien, mais ça ne fait rien !.. Allez chercher la belle-mère ?..

POUPART, *passant* 2.

Elle ne viendra pas !.. je m'y oppose !

FLACK

Et ne rouspétez pas parce que vous savez, les belles-mères, elles ne sont pas à la bonne en ce moment. . Allez la chercher ou je verbalise...

BIROTEAU, *à part et riant.*

Quel crétin.

POUPARD

Comment ! on envahit mon domicile et c'est moi qui ai tort ?..

FLACK, *à Poupard*

Voyons, voulez-vous aller chercher la belle-mère où je vous fous dedans !

POUPARD

Et moi qui voudrais les foute dehors!

CLAQUEDUR

Je vais aller la chercher, moi, la belle-mère !..

POUPARD, *inquiet et vivement.*

Non ! j'y vais moi-même. Mais nous verrons bien si on a le droit d'être insulté chez soi ! (*Il sort furieux.*)

SCENE XIII

Claquedur, Biroteau, Flack *puis* **Eulalie.**

CLAQUEDUR

Il peut aller la chercher, la vieille, je vas y faire voir ce que c'est que de voler un pauvre cocher ! Vous êtes bon, vous, mon agent, et vous me comprenez...

FLACK

Aussi vrai que je m'appelle l'agent Flick, je ne comprends pas ! mais tout s'expliquera au Tribunal.

CLAQUEDUR, *s'adoucissant.*

Au tribunal ? Pourquoi faire ? Entre hommes, entre citoyens, est-ce qu'on devrait avoir à faire au tribunal ? Est-ce qu'on devrait pas être tous frères ?

BIROTEAU

La Justice et le droit avant tout... ça serait joli s'il n'y avait pas de Tribunaux...

FLACK

Oui, on serait chouette s'il n'y avait plus de procès-verbal a dresser ; alors de quoi qu'on vivrait ?

CLAQUEDUR

De la fraternité donc ! On s'aiderait les uns, les autres, ceux qui en ont en donneraient à ceux qui n'en ont pas !.. C'est le cri du syndicat ! (*Entrée d'Eulalie.*)

BIROTEAU

Vous êtes syndiqué ?

CLAQUEDUR

Pour sûr !

FLACK

Tiens, moi aussi !

BIROTEAU

Et moi de même.

CLAQUEDUR

De quel syndicat que vous êtes ?

BIROTEAU

Et vous ?

CLAQUEDUR

Du grand syndicat de tous les syndiqués !.. Des employés contre les maîtres...

BIROTEAU

Tiens, moi aussi !..

EULALIE

Est-ce que les domestiques y peuvent en être aussi du syndicat contre les maîtres ?

CLAQUEDUR

Mais oui, ma belle... Elle est gentille la bobonne... (*Il la caresse.*)

EULALIE

Parce que je gagne bien 30 francs par mois, mais on veut m'en retenir davantage...

FLACK

On pourra vous présenter... (*A part*) Les bobonnes c'est mon faible ! (*Il la caresse également*).

CLAQUEDUR, *à Eulalie.*

Vous êtes des nôtres, la petite mère ! Si qu'on boirait un verre de vin pour la circonstance ? (*Il va à la table et verse à boire dans les verres.*

BIROTEAU, *après avoir trinqué.*

Non, merci. Je trinque, mais je ne bois pas, parce que je n'ai pas encore déjeuné...

CLAQUEDUR

Moi non plus...

FLACK

Ni moi ! Votre accident m'a empêché de rentrer à la maison...

CLAQUEDUR, *regardant la table et comme inspiré par une idée.*

Eh bien dites donc, c'est l'occasion qui fait le larron et v'là là un gigot qu'à une drôle de gueule !

FLACK

Ça c'est vrai qu'il est appétissant !

CLAQUEDUR, *regardant le plat de haricots.*

Et des z'haricots, c'est le moment d'en boulotter...

BIROTEAU

Y pensez-vous ? On n'est pas chez soi, ici !..

FLACK, *s'installant à table.*

Ça c'est vrai !..

CLAQUEDUR

Pas chez soi ? Non ! mais chez un témoin, un faux témoin, un sale témoin !.. et je vas leur en coller pour mes vingt balles !.. A table ! allons-y donc... sur le pouce.

(*Tous trois s'asseyent et mangent.*)

BIROTEAU

Le fait est que du moment où tout s'arrange..

FLACK

Et qu'on lui a fourré une fausse pièce...

CLAQUEDUR

Parbleu !... J'y suis dans mon droit !.. (*A Eulalie*) servez-nous la bobonne. (*Il mange.*)

EULALIE

J'suis t'y autorisée par le syndicat...

CLAQUEDUR

Pour sûr !...

EULALIE

Alors ça va ! (*Elle verse à boire.*)

FLACK

Ça ne m'empêchera pas de dresser le procès-verbal pour le bon ordre et mon petit bénéfice... seulement, on n'ira pas au Tribunal, quoi !..

(*Il mange.*)

CLAQUEDUR, *la bouche pleine.*

Les z'haricots sont excellents mais je les adore...

BIROTEAU, *la bouche pleine.*

Mes enfants, on va étouffer !.. Faut faire couler ça... à votre santé !

FLACK, *riant.*

A la santé du témoin !

CLAQUEDUR, *riant aux éclats.*

A sa belle-mère ! (*Tous trois trinquent et boivent.*)

SCENE XIV

LES MÊMES, **Mme Minouchon, Blanche Poupard.**

Mme MINOUCHON, *entrant et voyant Claquedur, Flick et Biroteau, attablés.*

Que vois-je ?

BLANCHE, *même jeu.*

C'est trop fort !

POUPARD, *même jeu.*

Ne vous gênez pas ! (*Eulalie se sauve.*)

FLACK, *buvant à même la bouteille.*

Je continue à prendre note...

BIROTEAU, *se levant et très aimablement.*

C'est en vous attendant...

CLAQUEDUR, *très gai après avoir bu deux ou trois verres de vin.*

Que nous trinquions à votre santé, belle-maman.

Mme MINOUCHON, *en colère.*

Ah ! ça, est ce que vous vous fout... fichez du monde vous tous... Ah ! j'en ai assez !.. (*Fureur comique.*)

FLACK, *même jeu.*

Je verbalise.

BLANCHE, *calmant sa mère.*

Voyons, mère...

POUPARD, *passant près Madame.*

Belle-maman calmez-vous !

Mme MINOUCHON

Non ! non, non !... et vous allez tous sortir d'ici...

CLAQUEDUR

Permettez belle-maman, on sortira quand l'agent Flack aura spécifié que vous m'avez filouté !...

Mme MINOUCHON, *rageuse.*

L'agent Flack ? (*Au paroxysme de la colère*) L'agent Flack... (*Envoyant une forte giffle à Claquedur qui est à sa gauche et une à Poupard qui est à droite*) Flic ! Flac !

POUPARD et CLAQUEDUR, *se tenant la joue.*

Oh ! oh !

Mme MINOUCHON, *à Poupard.*

Tout ça, c'est votre faute !

CLAQUEDUR, *furieux.*

Elle m'a mouché !... Nom de nom de nom ! de nom ! d'un nom !.. Une giffle à moi !...

FLACK, *mangeant toujours.*

Je prends note...

EULALIE, *entrant en tenant une lettre.*

V'là une lettre pour vous m'sieu ! (*Elle sort*).

POUPARD

Donne vite. (*Prend la lettre. A Mme Minouchon*) C'est peut-être une bonne nouvelle. (*Lisant*) Monsieur, l'administration lasse de vos retards, me charge de vous informer qu'il est inutile de vous représenter au bureau. Nous vous considérons comme démissionnaire. (*Accablé*) C'est trop fort ! (*Suppliant*) Belle-maman... ma petite femme !

Mme MINOUCHON, *étouffant de colère.*

Assez ! Assez !.. Vite !.. mon chapeau !.. Blanche ! Courons chez le commissaire.

BLANCHE

Oui, mamam !

POUPARD

Écoutez-moi !.. je vous en prie... (*Veut les retenir.*)

BLANCHE

C'est bien fait !.. Vous êtes la cause de tout !

FLACK, *à part.*

Chez le commissaire, diable ! *(Haut)* Nous en allons ! nous en allons ! J'ai verbalisé ! *(Il cause avec Claquedur et veut les entraîner.)*

Mme MINOUCHON

Viens ma fille !.. *(Met son chapeau et son manteau.)*

EULALIE, *entrant vivement.*

Monsieur ! Monsieur !

POUPARD

Quoi ? Qu'est-ce encore ? Une nouvelle tuile ?

EULALIE

C'est un homme qui est là ! Il dit que vous lui avez crevé un œil avec votre parapluie dans un accident dont vous êtes témoin, rue Lafayette... Il est accompagné d'un médecin. *(Elle sort.)*

Mme MINOUCHON, *à Poupard et éclatant de rage.*

Il ne lui manquait plus que ça à ce témoin ! ce beau témoin ! Ce crétin de témoin !.. Je sors d'ici pour n'y jamais rentrer ! *(Furieuse)* Foulons le camp, ma fille !..

BLANCHE

Oui, maman ! *(Passe, sortent au fond)*

POUPARD

Blanche, ma femme !

BLANCHE

Je me retire chez ma mère. monsieur ! *(Elle sort.)*

POUPARD, *tombant accablé sur une chaise.*

Faites donc votre devoir de citoyen ! ! *(Il pleure consolé par Biroteau et Flack.)*

CLAQUEDUR

La vieille est partie, finissons de déjeuner *(A Eulalie)* Faites donc entrer l'œil crevé ! *(Il entraîne les autres à table.)*

RIDEAU

Vannes. — Imprimerie LAFOLYE, 2, place des Lices, 1903.

AUTEURS	TITRES DES ŒUVRES	Hommes	Femmes	Prix nets	AUTEURS	TITRES DES ŒUVRES	Hommes	Femmes	Prix
E. Brasseur	Constat d'adultère d	6	3	loc.	F. Chandoir	Fête à Claudine (La)	1	1	4 »
Habrekorn et P. Marc	Contes de Piron (Les)	2	10	loc.	E. Duhem	Fête à M. le Maire (La)	5	2	4 »
Lebreton-Moreau	Contrôleur des Wagons-Bars (Le)	5	3	loc.	Guillemaud	Feuille à l'envers (La) d	4	3	loc.
A. Haygrier F. Lemeuland	Coquins de Souliers	4	2	loc.	G. Fortin-A. Doyen	Fiançailles de Toinette (Les) d	1	1	loc.
Ryvez	Cordon s'il vous plait	3	3	loc.	Dorfeuil-Bouvet	Fiancé des Nourrices (Le) d	4	5	loc.
Lebreton-Moreau	Cote et Cocottes	4	4	3 »	Javelot	Fiancés berrichons (Les)	1	1	3 »
C. Roland	Courroie (La)	2	1	loc.	Soulié	Fiancés du bonnet de coton (Les)	1	1	5 »
J. Dam et G. Habrekorn	Course aux pantalons (La) d	6	4	loc.	L. Vasseur	Fichue idée d	2	1	5 »
L. Bouvet-G. Arribat	Course au Sac (La)	4	2	loc.	Brigliano-Talber	Fichue situation d	4	4	loc.
Habrekorn	Couturière est au-dessus (La)	2	5	loc.	Liouville	Fièvre phylloxérique (La)	3	2	4 »
G. Cellier et E. Joullot	Couverture (La)	4	3	loc.	Bertrié	Fille du charpentier (La)	3	1	5 »
F. Bouveret	Créanciers du coffre-fort (Les)	5	3	loc.	Lebreton-Moreau	Fille du marin (La) d	8	7	loc.
Marsan (de)	Crépuscule des vieux (Le)	3	2	loc.	Bourel, Raydel, E. Hervé	Filles de Cornenville (Les)	4	7	loc.
Mize et Saintis	Crocodile a des scrupules (Le) d	3	3	loc.	Lebreton-Soudant	Filles de la Cantinière (Les) d	7	4	loc.
Guillemaud-de Marsan	Culotte à l'envers (La) d	15	10	loc.	Lebreton	Filles du Charcutier (Les)	3	3	loc.
De Roze et d'Arsay	Culotte du marié (scène) (La)	1	»	1 »	Lebreton-Moreau	Fils à Papa (Le) d	4	7	loc.
H. Duharnois	Cure Merveilleuse (La)	3	1	loc.	Lebreton-Moreau	Fils de Gouape	4	4	loc.
Saint-Paul	Dame aux bluets (La)	2	2	loc.	Chaulieu et Bataille	Fils de M. Alphonse (Le) (vaud.) d	5	2	loc.
Lebreton-Moreau	Dans cent ans d	troupe	»	loc.	Duroc-Mailfait	Five O'Clock de la Baronne	7	2	loc.
Pierré Achard	Dans l'Escalier	2	1	loc.	Villebichot	Fleuriste et typographe	1	1	5 »
Sourilas	Dégrafée d	3	3	5	Lebreton-Talber	Foire aux nichons (La) d	7	7	loc.
Mestre-Aubry	Demoiselle des Martigues (La) d	3	10	loc.	Pradels-Quinel	Fosse aux ours (La)	4	4	loc.
Cellier-Gramet	Demoiselles Plumemboy (Les)	3	4	loc.	Lemonnier	Françoise les bas bleus d	troupe	»	loc.
Marc Sonal-Pierre Laurey	Départ du régiment (Le) d	5	10	loc.	Moreau-Soudant	Francs-tireurs de la mort (Les)	troupe		loc.
Saint-Paul	Déraillement (Le)	3	2	loc.	Lebreton-Boissier	Frangine (La) d	7	6	loc.
St-Paul-G. Rose fils	Dernière carotte (La)	3	2	loc.	Lévy-Merset	Fantrognon d	8	11	loc.
L. Lefèvre	Dernier verre (Le)	2	1	4 »	Lebreton-Moreau	Frère de lait (Le)	1	2	4 »
F. Barbier	Deux amours de chandeliers	1	1	5 »	Carin-Tomy	Friper's and Cº d	5	9	loc.
F. Matz	Deux avares (Les) d	2	1	8 »	Lebreton-Moreau	Friquet d	9	7	loc.
Ch. Hubans	Deux coqs vivaient en paix	2	1	5 »	Cieutat	Furet (Le)	5	1	4 »
F. Grácia	Deux estafiers (Les)	2	»	2 »	Moreau-Touzé	Gai gai mariez-vous !	4	3	loc.
Vallès-Garnier	Deux femmes de M. Grochose (Les)	3	2	loc	Moreau-Darsay	Gaîtés du bastion (Les)	5	3	loc.
A. Condamin	Deux heures de retard	2	2	loc.	Marsèle (I.)	Galant Douanier	3	1	loc.
M. Chautagne	Deux muses (Les)	2	»	4 »	L. Bouvet et Arribat	Garçonnière de Dutocard (La)	3	3	loc.
F. Barbier	Deux parfaits notaires (Les)	2	»	4 »	Seraine	Garde champêtre de Corneville (Le)	1	»	1 »
Hervé-Lecocq	Deux portières pour un cordon d	3	»	4 »	L. Dottin	Gendre de M. Duplantoir (Le)	3	2	loc.
Gribinski	Déveine (La)	2	2	loc.	Lebreton-St-Paul	Gontran se marie	3	2	loc.
Moreau-Boucherat	Diable au Moulin (Le)	4	8	loc.	B. Lebreton-Soudant	Gosse (La)	3	2	loc.
St-Paul-G. Rose fils	Divorcerons-nous	3	2	loc.	Froyez-Colias	Grand Duc Moleskine (Le) d	6	6	loc.
Gramet-Talber	Doigt coupé (Le)	troupe	»	loc.	Lefort	Grand papa de la chanson (Le) d	1	1	3 »
Léon Laroche	Domestique pour rire (Un)	1	1	4 »	Rose fils et Ryvez	Greffeur (Le)	4	3	loc.
G. Rose fils	Don Juan de Montmartre	3	3	loc.	Lebreton-Blairat	Grenouille (La) d	4	2	loc.
Saint-Maurice	Doubles Vierges (Les) d	troupe	»	loc.	Hervo-Merki	Grève des Boulangers (La)	5	»	1 »
L. Bouvet-Lebreton	Drapeau du Régiment (Le)	5	4	loc.	Moreau-Marcus	Grève des facteurs (La)	2	2	loc.
Sourilas	Drapeau jaune (Le) d	4	2	4 »	M.-Brisac	Guerre aux hommes (La) d	6	7	loc.
F. Muffat-L. Bouvet	Dudule	3	2	loc.	Lebreton-Nicolaïe	Gueule d'Or d	6	6	loc.
Bouvet-Sevry	Dupont et Dupont	4	3	loc.	L. Bouvet F. Muffat	L'Héritage de Malassis	4	3	loc.
St-Paul et Rose fils	Durandard est un bon garçon	3	2	loc.	Lebreton-Moreau	Héritière des Carapattas (L') d	8	8	loc.
Dottin, Boulay-Lavrice	Duriflard	5	2	loc.	De Marsan	Heureux gagnant	4	1	loc.
L. Bouvet-Schmoll	Echange de bals	5	5	loc.	C. Roland-A. de Lorde	Hermance a de la Vertu, 2 act. d	2	1	loc.
De Launoy et Lions	Echarpe (L')	4	2	loc.	Villebichot	Hirondelles de la rue (Les)	»	2	3 »
J. Domerc	Ecole buissonnière (L')	3	»	3 »	L. Bouvet et G. Arribat	Homme du Parc Monceau (L')	3	2	loc.
Boulay-Layrice	Ecole des Cocus (L')	4	3	loc.	Rose fils	Homme explosible (L')	2	2	loc.
Yver-Septmons	Eh! Ohé! Ladrupette! d	2	»	loc.	Lebreton-Blairat	Homme pâle (L') d	4	2	loc.
Trebla-Croisier	Elle! d	4	1	loc.	Lebreton-Duroc	Hôtel d'Artistes d	troupe	»	loc.
Ed. Lhuillier	Elle débute ce soir	1	1	4 »	Lebreton-Duroc	Hôtel de Noblepanne d	4	4	loc.
Delaruelle	El senor Piffardino	1	1	6 »	St-Paul-Rose fils	Hôtel des Fantômes (L')	3	1	loc.
M. de Marsan	Empire du milieu (L')	3	2	loc.	Darantière et Bouvet	Hôtel du lac bleu (L') d	7	6	loc.
Marsay	En colonne d	troupe	»	loc.	Bourel-Raydel-Jost	Hôtel modèle d	7	7	loc.
Baunys et Morelo	Encore un déraillement	3	2	loc.	E. Burbe-de Téramond	Huissier des bons jours (l')	3	2	loc.
Saint-Paul	Encore une revue	4	4	loc.	Antigeon-Bourel	Hypnotiseur malgré lui (L') d	3	2	loc.
Lebreton-Moreau	Enfant des balles (L') d	3	2	loc.	Mix-Bernède	Idées de M. Coton (Les) d	3	2	loc.
Jallais Hubans	Enlèvement des Sabines (L')	troupe	»	loc.	C. Roland	Il était une fois d	1	1	loc.
Guillemaud-de Marsan	Enfants d'Edouard (Les) d	2	3	loc.	Bessière-De Noter	Ile de Nénuphar (L')	5	2	loc.
Lebreton-Duroc	Enragés d	4	4	loc.	Briollet et Tinant	Ile Jaune (L')	8	4	loc.
Gribinski	En répétition	2	2	loc.	De Launoy et Lions	Indispensable (L')	2	2	loc.
Villebichot	Entre deux jardins	1	1	4 »	Briollet et Arnould	Invalide à la tête de bois (L')	7	2	loc.
Lebreton-Duroc	Entresol d'Eugène (L') d	4	6	loc.	B. Lebreton et Blairat	Invalides du Mariage (Les) d	7	7	loc.
Garnier-Vallès	Erreur de Bridouille (L')	3	2	loc.	Moniot	Jacotte	1	1	5 »
Banès	Escargot (L')	2	3	6 »	Liger-Aubrun	J'ai perdu Virginie	3	1	loc.
A. Pajol	Esprits d'Argenteuil (Les)	5	2	loc.	Nargeot	Jeanne, Jeannette et Jeanneton d	2	3	8 »
P. Pottier R. Dubreuil	Estime du Concierge (L')	2	1	loc.	Michiels	Jesque et Trinne	2	1	4 »
D. Dihau	Eternel roman (L')	1	1	4 »	St-Paul	J'en ai plein le dos	1	1	4 »
Bourel-Raydel-Transl.	Etrennes utiles	3	2	loc.	Lebreton-Soudant	J'épouse ma bonne d	5	4	loc.
L. Jancey	Exercice de nuit	3	2	loc.	A. Perronnet	Je reviens de Compiègne	»	1	4 »
Garnier-Vallès	Exploits de Malichard (Les)	6	4	loc.	Yvel	Jeune homme du Tunnel (Le) d	3	3	loc.
L. Bouvet-Ch. Darantière	Extras de Balochard (Les) d	4	4	loc.	Bernicat	Jeunesse de Béranger (La)	3	1	6 »
St-Paul-G. Rose, fils	Fais ça pour moi	3	2	loc.	B. Lebreton	Jeunesse de Hoche (La)	6	6	loc.
F. Beauvallet	Faites le jeu, Messieurs d	3	1	loc.	Lebreton-Moreau	Jocrisses du mariage (Les) d	troupe	»	loc.
Moreau-Gramet	Famille Nitouche (La)	3	4	loc.	B. Lebreton	Joies du divorce (Les) d	troupe	»	loc.
L. Bouvet, J. Sevry-Rosès	Family-Plage	6	4	loc.	Marsan (de)	Jour de gloire est arrivé (Le)	4	1	loc.
Lebreton-Moreau	Farces du Printemps (Les) d	6	4	loc.	L. Collin	Journée aux soufflets (La)	1	1	4 »
St-Agnan Choler	Faut du prestige (vaud.) d	3	2	loc.	J. Férol	J'teux de sorts (Le)	7	4	loc.
Lebreton-Duroc	Faut que j'casse la g. à Baptiste d	5	3	loc.	François-Derys	Jules d	1	1	loc.
G. Rose père	Faux cols d'Oscar (Les)	1	2	loc.	Herpin	Ki-Ki-Ri-Ki d	troupe	»	loc.
G. Launay-Lions	Félicité	3	2	loc.	Paul Avril	Labistrouille	3	2	loc.
Flers	Femina d	troupe	»	loc.	Soudant	Lâchée	5	1	loc.
Ch. Gabet	Femme de Valentine (La) d	2	2	loc.	De Marsan	Lebille est de logement d	7	8	loc.
Moreau	Femmes qui fument (Les) d	7	8	loc.	Desormes	Leçon de musique (La) d	1	1	4 »

AUTEURS	TITRES DES ŒUVRES	Hommes	Femmes	Prix nets	AUTEURS	TITRES DES ŒUVRES	Hommes	Femmes	Prix nets
A. de Lorde	Lettre (La) d	1	3	loc.	V. Roger	Nourrice de Montfermeil (La)	2	3	6 »
A. Verse	Leur argent d	2	1	loc.	G. Rose fils	Nous allons chez les Durand.	1	1	loc.
L. Jancey	Lili et Tonton d	1	1	loc.	Ch. Gabet	Nouvel Achille (Le) (vaud.) d	5	1	loc.
Cazaneuve	Loi du pal (La) d	troupe	»	5 »	Renée Prud'homme	Nuit de Noces de Beaufianchet	6	4	loc.
Darcy (M.)	Loterie (La)	2	2	loc.	F. Bossuyt	Nuit de Noël	2	2	loc.
Barbé	Loup et l'Agneau (Le) d	3	3	loc.	Jacobi	Nuit du 15 octobre (La) d	3	1	6 »
Verneuil	Loupiot (Le)	2	»	loc.	H. Blondeau-H. Monréal	Olympia-Revue d	troupe		loc.
Bourel (L.) Herbel (E.)	Lucien est maboule !	3	1	loc.	Rose père	Omelette au lard (L')	4	2	loc.
Herpin	Lune de Miel (La) d	troupe	»	loc.	Dédé fils	Oncle et Neveu	3	»	3 »
Moreau-Gramet	Ma Colonelle	2	2	loc.	Louis Bouvet	Oncle Maboulin (L')	4	4	loc.
Clairville fils	Madame la baronne d	1	1	4 »	Marc-Sonal-Gréhon	On demande des jolies femmes d	6	11	loc.
Wachs	Madame le docteur	2	1	4 »	St. Paul	On parle Anglais	5	6	loc.
H. Monréal-H. Blondeau	Madame Méphisto d	troupe		loc.	Bessière-Ruffier	Ordonnance Bezuchet (L')	2	2	loc.
Tarcemo-Celval-du Théas	Madame Tubéreuse d	10	9	loc.	St-Paul-G. Rose, fils	Ordonnance malgré lui	3	2	loc.
Lebreton-St-Paul	Mademoiselle le Docteur	3	2	loc.	Saint-Paul	Oscar est détraqué	4	3	loc.
V. Roger	Mademoiselle Louloute	2	2	5 »	Berthelot-Roland	Othello chez Thaïs d	4	0	loc.
Boudargot	Ma femme m'aime trop	3	2	loc.	Sacra Emmecé	Où est le père	8	14	loc.
C. Fiével H. Piquet	Magicien (Le) d	3	2	10 »	Dufils	Paille et la Poutre (La)	»	2	6 »
Bessière-Marinier	Maire et Martyr d	3	2	loc.	Boulay-Layrice	Palmé, D	4	5	loc.
P. Lémon-L. Schmoll	Maires	7	5	loc.	Villemont	Pantalon de Casimir (Le) d	1	1	6 »
Talexy	Maître Grelot	4	1	7 »	Robert Laurent-Julin	Par amour	3	2	loc.
Bouvet	Major Purjotin (Le)	4	3	loc.	A. Petit	Par autorité de Justice d	7	9	loc.
Lebreton	Mam'zelle Baïonnette	3	3	loc.	L. Rivaux	Parachute (Le)	3	2	loc.
Moyne-Jacoutot	Mam'zelle Claudinette d	3	2	loc.	Jean Myrès	Par délicatesse d	1	2	loc.
Far Nemo-Celval	Mam'zelle Culot	troupe	»	loc.	Dorfeuil-Moreau	Paris aux Courses d	troupe	»	loc.
De Lajarte	Mam'zelle Pénélope d	3	1	7 »	Lefebvre-Gréhon	Paris sans tailleurs	7	7	loc.
De Champclos-Jacquin	Mamz'elle Phryné	3	1	loc.	F. Barbier	Par la fenêtre	1	1	4 »
François	Mandat (Le) d	7	3	loc.	Lambert-Lebreton	Par la Gymnastique d	2	2	loc.
De Lorde-C. Roland	Ma Négresse d	1	2	loc.	De Marsan	Par Téléphone	3	3	loc.
L. Bouvet et Dottin	Mannequin (Le)	3	2	loc.	De Marsan	Partie Carrée	4	3	loc.
Jan Pierre et Morelo	Manœuvre électorale	3	»	loc.	Henry Moreau	Partie de Campagne d	troupe	»	loc.
de Marsan	Marchand de cochons et le Dépendeur d'andouilles (Le)	3	3	loc.	Ed. Lhuillier	Pasquinette	1	1	3 »
					Bénédite-Jancourt	Pays Vierge (le) d	8	4	loc.
H. Moreau	Marchande de Choux-fleurs (La) d	7	6	loc.	De Marsan	Peau Neuve d	3	3	loc.
Jouhaud	Mariages riches	1	1	3 »	H. Moreau-E. Brasseur	Peau-rouge de la Bastille (Le)	4	4	loc.
Moniot	Marianne et Jeannot d	1	2	8 »	B. Adin-Th. Cahen	Peint malgré lui	4	2	loc.
Tollet-Frot	Marié sans l'être	4	»	3 »	Rose, fils	Peintre de talent	2	3	loc.
Moreau-Duroc	Maris jaloux (Les)	5	2	loc.	Moreau-Darsay	Pension Carabin (La)	5	4	loc.
Simiot	Mariés de Nanterre (Les)	1	2	4 »	L. Bouvet	Pensionnat St-Amour (Le)	4	4	loc.
H. Moreau G. Arnould	Marquis de Priolit (Le) d	6	3	loc.	Albert Lambert	Père Suroit (Le) d	3	1	loc.
Beissier-Sciama	Mars et Vénus	3	2	loc.	Offenbach-Roques	Péri-Colle (Parodie de Périchole)	2	1	2 50
Millon	Matinée du Prince (La)	4	5	loc.	Lebreton-St-Paul	Péril jaune (Le)	2	2	loc.
A. Verse	Matuvu fait des béguins	5-5 ou 4-4		loc.	E. Warmoes	Permission de Binjot (La)	3	2	loc.
M. de Lagarde	Mèche (La)	3	2	loc.	H. Moreau-Soudant	Permission de la nuit	6	4	loc.
Moreau-Boucherat	Médjidié (Le)	3	1	loc.	Perrault-Maty	Perruche de ma femme (La) d	4	3	loc.
Gresset-Bernard	Méfiez-vous d'Oscar d	3	2	loc.	Tréblat-St-Cyr	Personne	2	1	loc.
E. André	Melon (Le) (monologue saynète)	1	»	2 »	Landay	Pet ! ! Pet ! !	3	3	loc.
De Marsan	Ménage Blésimard (Le)	3	2	loc.	Bouvet-Schmoll	Petit Assommoir (Le) d	6	6	loc.
B. Lebreton H. Moreau	Ménage d'artistes	6	5	loc.	B. Lebreton	Petit factionnaire (Le)	4	3	loc.
Moreau-Darsay	Ménage Poire (Le)	2	2	loc.	L. Collin	Petit Spahi (Le)	3	3	5 »
Desormes	Menu de Georgette (Le)	3	2	8 »	Lebreton-Moreau	Petite baronne (La) d	6	9	loc.
Gribinski	Mercredis de Jules (Les)	3	2	loc.	Linas	P'tite bête vit encore (La) d	1	1	4 »
Barry Blount F. Lémon	Mère Lemec (La)	4	2	loc.	L. Rivaux-F. Rodel	Petite boulangère (La) d	troupe		loc.
Ch. Gabet	Mérite des femmes (Le) d	4	4	loc.	Moreau-St Cyr	Petite Carmen (La) d	9	10	loc.
Soudant-Moreau	Mimi Vadrouille	troupe	»	loc.	Lebreton-Moreau	Petite colonelle (La) d	7	3	loc.
P. Achard et P. de Pitray	Minuit et demi d	1	1	loc.	Gribinski	Petite Etoile	3	2	loc.
De Marsan	Miss Cocktail d	6	9 ou 6	loc.	L. Bouvet-St-Paul	Petite Fifi (La)	3	3	loc.
Lebreton-Moreau	Miss Kissmy d	5	5	loc.	L. Bouvet-F. Muffat	Petites Actrices (Les)	4	4	loc.
Beissier	Miss Million d	troupe	»	loc.	Lebreton-Moreau	Petites Menichons (Les) d	troupe	»	loc.
Mayrargue	Modern Styl	2	2	loc.	A. Petit	Petits lapins (Les) d	4	9	loc.
Bessier-Moreau	Môme aux Camélias (La) d	troupe	»	loc.	Maurey et Jimbu	Petits Trottins (Les) d	4	5	loc.
Bessière-Ruffier	Môme aux grands yeux (La) d	8	6	loc.	Lebreton-Moreau	Petits Zouzous (Les)	troupe	»	loc.
L. Rivaux	Mon Oncle et ma Tante	4	3	3 »	J. Clérice	Phrynette d	5	9	5 »
Chassaigne	Monsieur Auguste d	1	1	loc.	Celval-Tarcemo-Gibard	Pichard d	3	2	loc.
De Marsan	Monsieur Babolin	3	2	loc.	André	Picotin (Le)	1	»	2 »
De Marsan	Monsieur de chez Maxim's (Le)	3	3	loc.	Lebreton-Beissier	Piston de Clémentine (Le)	3	2	loc.
Paul Vallès	Monsieur Dutrognon	4	1	loc.	Schmoll	Pitou	3	2	loc.
E. Bessière	Monsieur l'Inspecteur	2	4	loc.	E. Herbel-L. Dourel-Roydel	Plaquée	3	3	loc.
Garnier-Vallès	Monsieur ma belle mère	2	3	loc.	H. Alavoine	Plumechat et Cie d	4	6	loc.
L. Rivaux	Monsieur Pâtemolle	2	2	loc.	G. Barbé	Plus que 1089 jours	3	»	loc.
Lebreton-Moreau	Monsieur Sans Gêne d	troupe	»	loc.	F. Barbier	Points jaunes (Les)	1	1	5 »
Marsèle (J.)	Monsieur sourd (Le)	3	2	loc.	Destossez-Piccolini	Pommes d'amour (Les)	6	4	loc.
G. Portin A. Boyer	Mort vivant (Le) d	2	1	loc.	Ginod-Verdellet	Pompier d'Endoume (Le)	troupe		loc.
Blairat-Renzillet	Mouche (La) d	5	7	loc.	Gresset-Bernard-Leloray	Pompier d'Ernestine (Le) d	2	2	loc.
Moreau-Tonzé	Mouche du Coche (La)	4	2	8 »	Antigeon-Dourel	Poste restante 222 d	4	3	loc.
Pariot, Chanteclair-					Duhem L. Martin	Potache en goguette (Le)	4	2	loc.
Cuvelard	Moulin d'Amour (Le) d	5	3	4 »	F. Barbier	Poupée automate (La)	1	1	5 »
Jourda	Moyen de l'être (Le)	1	1	loc.	St-Paul G. Rose fils	Pour avoir la fille	4	3	loc.
Joly	Myope et presbyte d	1	1	3 »	C. Roland	Pour le guérir d	1	2	loc.
Desormes	Nègre de la Porte St-Denis (Le)	3	3	loc.	Fay	Pour qui le gosse ?	2	3	loc.
L. Dottin et G. Tonzé	Nègre pour rire	3	2	loc.	Lebreton-St-Paul	Pour qui votait-on ?	4	2	loc.
Dorfeuil-Moreau	Nez de Cyrano (Le) d	troupe	»	3 »	A. Lambert	Première brouille (La) comédie	»	1	loc.
E. Lhuillier	Nez enchanté (Le)	1	1	loc.	Paul Avril	Première scène	2	3	loc.
Lebreton-Blairat	Ninie la Rouquine d	5	3	loc.	Couturet	Premières amours d	4	1	loc.
Herpin	Noce à Grospoulot (La)	5	7	4	F. Barbier	Premières armes de Parny (Les)	1	3	5 »
F. Barbier	Noce à Suzon (La)	1	1	loc.	L. Bouvet-G. Arribat	Prends mon Oncle	4	2	loc.
E. Beissière-Noter	Noces de Lambiston (Les)	5	2	5 »	G. Rose fils-H. Ryvez	Prestige de l'uniforme (Le)	4	2	loc.
L. Collin	Noces d'or (Les)	2	1	loc.	Moreau	Professeur de chant (Le)	1	1	3 »
Sachs-Damiens-Kenzillet	Nombrikatus 1er D	5	7	loc.	De Marsan	Pucelle de Mézidon (La)	3	3	loc.
Moreau-Rivaux	Nommé Baluche (Le)	1	2	loc.	De Ste-Croix	Pygmalion d	1	2	4 »
De Marsan	Non Lieu d	3	»	loc.	Lebreton	Quatre hommes et un Caporal	5	3	loc.
Bouvet-Darantière	Nos bons touristes d	5	4	loc.	G. Rose fils-Ryvez	Que Madame n'en sache rien	2	2	loc.
Lebreton-Beissier	Nos Marsouins en Chine d	7	3	loc.	Garnier-Héros	Queue du Diable (La) d	troupe	»	loc.
Moreau-Gramet	Nos petites Chattes	3	4	loc.	Delilia-Héros	Qui va à la Chasse	1	1	loc.
Dorfeuil-Guillemaud-					L. Collin	Qui se dispute s'adore	1	1	5 »
Duharnois	Nos pioupious d	8	4	loc.	St-Paul-G. Rose fils	Qui veut la fin	2	2	loc.
Lebreton-Moreau	Nos voisins d	6	6	loc.	L. Bouvet-F. Muffat	Rabiot (Le)	3	2	loc.

AUTEURS	TITRES DES ŒUVRES	Hommes.	Femm.	Prix nets
Léon Jancey.	Ra ! Fla ! !	2	1	loc.
Ch. Lecocq	Rajah de Mysore. d	troupe	»	5 »
Villebichot.	Réponse du Berger (La).	1	1	4 »
Millou	Repos du dimanche (Le) d.	2	1	loc.
Jacoutot.	Retour de Kerdrec (Le).	2	1	4 »
Meugé	Retour de Margotte (Le).	1	1	4 »
L. Collin.	Retour de Musette (Le).	1	1	4 »
Autigeon-Dourel.	Revanche de Verluisant (La) d	5	2	loc.
De Marsan.	Revenant de la rue de la Pompe (Le)	5	5	loc.
Autigeon-Dourel-Reydel.	Revenants (Les) d	3	3	loc.
André-Mouézy-Eon.	Rêve d'Anaïk (Le) d.	2	3	loc.
Marsèle-A. de Lorde.	Rêves d'un soir d.	1	1	loc.
Lebreton.	Revue à l'envers (La)	4	4	loc.
St-Paul.	Revue interdite.	4	4	loc
Guillemaud....	Rien des Agences d.	3	2	loc.
Lhuillier.	Risette	»	1	1 »
Ch. Thony.	Robes et Manteaux d.	5	9	loc.
F. Chaudoir.	Roi Claquette (Le) d.	3	3	6 »
Yvel et Briollet	Roi Koku (Le)	troupe	»	loc.
Desormes	Roland furieux.	3	1	5 »
L. Desormes.	Romance impossible (La).	1	»	2 »
Busnach.	Rosière de Valentino (La) d.	1	3	loc.
Michiels	Rosière d'Interlaken (La)	1	1	4 »
Ch. Gabet.	Ruy Black (v) d	7	6	loc.
Jancey.	Sabre et plumeau	1	1	loc.
C. Rose fils-F. Bouveret	Sacré Cake-Walk	3	2	loc.
L. Rivanx	Sacré jour de l'an.	6	3	loc.
L. Bouvet-G. Arribat	Sacré Jules.	2	2	loc.
D. Fabrice-A. Darmont.	Sacré Trouillet	6	2	loc.
Briollet-Tinant.	Sacré Vermillon	3	3	loc.
B. Lebreton-J. Lebreton	Sacrée Nounou	3	3	loc
H. Moreau-Arnould.	Saint-Antoine malgré lui	5	5	loc.
Claments.	Saint-Yvon (La) d.	2	»	5 »
B. Lebreton-J. Lebreton	Salade de Gendarmes.	4	2	loc.
L. Dottin	Sauvage malgré lui.	3	1	loc.
Ch. Lecocq.	Sauvons la caisse d.	1	2	6 »
Matrat-Febvre-Bonnamy.	Septième Escouade (La) d.	8	7	loc.
Darantière-Bouvet.	Sergent Sans-Souci (Le) d.	6	6	loc.
R. Planquette.	Serment de Mme Grégoire (Le)	1	1	8 »
Lebreton-Soudant.	Serment du marin (Le).	4	2	loc.
Lebreton-Moreau.	Signe de Léda (Le) d.	8	8	loc.
Ouvier.	Simone et Boquillon.	2	1	5 »
Lebreton-St Paul.	Singeries de l'Amour (Les).	5	5	loc.
Marc Sonal-H. Moreau.	Six filles d'Abélard (Les) d	7	7	loc.
B. Lebreton-H. Darsay.	Sœurdu Cabotin (La).	4	2	loc.
Lebreton-Duroc.	Soir de Noce d.	4	4	5 »
E. Boffières-Malfait.	Soirée bourgeoise.	2	2	loc.
Leserre.	Soirée d'amateurs. pochade	5	»	loc.
Lebreton-Moreau.	Soldat l.	5	5	loc.
H. Gilbert	Son Amant	2	1	loc
C. Roland J. Marsèle.	Son petit truc d.	4	2	loc.
Bernard-Gresset	Souffleur par amour d.	3	1	loc.
Meyan	Soupirs du cœur.	3	2	5 »
Briollet-Tinant.	Source merveilleuse (La).	4	2	loc.
Damaré-P. Laurey.	Sous-Préfet de Pézenas (Le).	4	2	loc.
Ch. Malo.	Souviens-toi de Clémentine.	2	1	4 »
Moreau-Darsay.	Spiritisme des Familles.	4	4	loc.
Gribinski-M. Thiéry.	Suites d'un divorce.	4	3	loc.
Tac-Coen.	Suzette, Suzanne et Suzon	1	3	loc
C. Roland et P. Berthelot	Symphonie en Jaune mineur d	1	1	loc.
A. Mesnil	T'amuses-tu Pingot	6	»	loc.
Levavasseur	Tante d'Amérique (La)	3	3	loc.
C. Roland.	Ta pomme, Pâris.	3	10	loc.
Wachs.	Tata chez Toto	2	1	4 »
G. Hervé-D. Fabrice.	Témoin.	4	3	loc.
Lempereur et Primard	Témoin (Le).	3	1	loc.
Lambert-Lebreton.	Terre-Neuve d.	3	5	loc.
Saint-Paul et Rose fils.	Terrible affaire	3	2	loc.
Briollet-Gerny	Testament Cracfort (Le)	8	6	loc.
Marc Sonal	Théophile.	2	1	loc.
B. Lebreton-E. Blairat	Tisane des Boërs (La)	4	2	loc.
Chassaigne.	Toc.	2	2	loc.
Hervé.	Toinette et son carabinier.	2	1	5 »
A. Mouézy-Eon.	Ton coq et ma poule d	3	1	loc.
Bessier-de Gorsse.	Tonton d.	3	3	6 »
Blanchard de la Bretesche	Torero de Lolotte (Le).	5	5	loc.
M. Guillemaud.	Toto la Rincette.	5	5	loc.
Wachs.	Totor et Titine	1	1	loc.
Hubans	Tour de Moulinet (Le) d.	2	1	8 »
Bouvet-Febvre.	Tournée Cabotin (La).	3	3	loc.
Cartier.	Train des Maris (Le)	2	2	4 »
Moreau-Duroc.	Tranquil' hôtel	5	4	4 »
Moreau-Darsay.	Trente mille francs par an.	2	2	loc.
Lebreton-Moreau	Treize jours d'un Parisien (Les) d.	troupe	»	loc.
Lebreton-Moreau.	Treizième spahis (Le) d.	troupe	»	loc.
Ch. Gabet	Trésor des Dames d.	2	1	loc.
Lebreton-Moreau	Trio de troupiers d.	7	5	loc.
H. Gilbert	Triple alliance (La).	5	2	loc.
B. Lebreton-J. Lebreton	Trois Cousins (Les) d.	5	3	loc.
Lebreton Téramond	Trois Gosses (Les).	4	4	loc.
Bouvet.	Trois hercules pour une femme	3	2	loc.
Bessière	Troisième du trois (La).	6	6	loc.
Lebreton-Moreau.	Trois Maçons (Les) d.	4	2	loc.
L. Bouvet et G. Arribat	Troublante énigme.	3	3	loc.
Rose fils & Ryvez.	Trouvez un père.	4	5	loc.

AUTEURS	TITRES DES ŒUVRES	Hommes.	Femm.	Prix nets
Gribinski	Truc au trottin (Le).	4	3	loc.
Guillemaud-de Marsan.	Truc de Binochet (Le).	3	2	loc.
Lambert-Lebreton.	Truc du Pharmacien (Le).	4	1	loc.
L. David.	Tu l'as voulu d.	3	1	loc.
Héros-Jost.	Tzigane dans les Ménages (La) d.	troupe	»	6 »
Javelot	Un amour d'épicier.	2	1	loc.
Bessière	Un attentat au bois	2	2	4 »
P. Lefaure	Un beau-père criminel.	3	2	loc.
Cardet-Lannoy.	Un bon ami	2	1	loc.
D. Fay.	Un bon tuyau	9	4	loc.
P. Henrion	Un charcutier dans les fers.	1	1	loc.
De Marsan.	Un client pas sérieux	4	3	4 »
Chassaigne.	Un Coq en jupons	1	1	loc.
Banès.	Un domalade	2	1	4 »
Wachs.	Un domestique pour rire.	1	1	5 »
Moreau-Gramet.	Un dragon pour deux.	3	2	4 »
L. Roy.	Un épicier peu commode.	4	2	1 »
J. Laurens	Un futur sur le gril.	2	1	loc.
Ch. Malo	Un gendre à poigne.	2	2	4 »
H. Levavasseur.	Un grand criminel	4	2	5 »
Pericaud.	Un hercule qui ne veut pas se rouiller	2	1	loc.
F. Bouveret	Un héritage de 100 millions.	5	3	4 »
Camille Clermont	Un honnête homme d	3	2	loc.
St Paul	Un jour d'audace.	4	2	loc.
Cambillard.	Un mariage à la force du poignet	1	1	3 »
Ch. Malo	Un mariage au flageolet.	1	1	4 »
Dauphin.	Un mariage en Chine d.	4	1	6 »
F. Bernicat	Un mari à l'essai	1	1	4 »
Pericaud.	Un mari en grande vitesse	3	1	4 »
Moreau-R. Parault.	Un mari somnambule	2	2	loc.
L. Collin.	Un mauvais conscrit	2	»	4 »
Blanchard de la Bretesche	Un mois de clou d	3	2	loc.
B. Lebreton-St-Paul	Un Oncle pour deux.	3	2	loc.
Chassaigne.	Un 1er jour de ménage	1	1	4 »
Mayrargue.	Un Sauvetage	2	3	loc.
F. Barbier	Un souper chez Mlle Contat.	»	2	5 »
Bernicat.	Une aventure de la Clairon.	2	2	6 »
D. Fabrice-Kenzillet.	Une chasse à Fontainebleau.	5	4	loc
Lebreton-Blairat.	Une Consultation d.	4	3	loc.
Garnier-Vallès.	Une Corbeille de Noce.	5	3	loc.
E. André	Une drôle de Marquise	2	1	3 »
Claments	Une étoile d'antichambre d.	2	1	5 »
Jouhaud	Une femme du quart de monde	2	1	4 »
Marc Sonal Victor Gréhon	Une femme pour six sous.	3	3	loc.
Villebichot.	Une femme qui bégaie d.	3	2	6 »
L. Roques.	Une femme tombée du Ciel.	1	1	5 »
Villebichot.	Une fille à trucs	3	1	4 »
Liouville	Une fille en loterie	2	1	4 »
Fouzé-Monjardin	Une intrigue chez les Mouchamiel.	2	1	loc.
Desormes.	Une lune de miel normande.	1	1	4 »
L. Collin.	Une mariée sans mari	1	1	4 »
Ed. Lhuillier.	Une marine à la vapeur.	1	1	3 »
Desormes	Une mauvaise connaissance.	3	2	5 »
Moreau-Darsay	Une mauvaise nuit	2	2	loc.
Moreau-Dorfeuil.	Une nuit de Paris d.	troupe	»	loc.
Bouvet-G. H.	Une nuit chez les Grafouillot d.	4	3	loc.
Duhem.	Une partie à Robinson	2	2	4 »
L. Martin	Une partie de pêche	5	4	loc.
B. Lebreton-Saint-Paul	Une petite femme en or.	3	3	loc.
Wachs.	Une pleine eau à Chatou	2	1	4 »
Bernicat.	Une poule mouillée.	1	1	4 »
Lebreton-St-Paul.	Une Rosserie.	2	2	loc.
Ch. Esquier-Douglas.	Une sale blague	3	2	loc.
De Paniagua.	Une sale Histoire d.	3	2	loc.
Chassaigne.	Une table de café.	2	»	4 »
Robillard.	Une tempête conjugale.	1	1	4 »
Liger-Aubrun	Urticaire (L').	4	1	loc.
Hahrekorn-Latourette.	Vache à Palu (La) d	4	1	loc.
Jean Meudrot.	Valentine a du talent d.	1	2	loc
R. Planquette	Valet de cœur (Le)	1	1	4 »
St-Paul	Vase de Soissons (Le).	3	2	loc.
J. Walter	Végétariens (Les) d.	7	2	loc.
Robillard.	Vengeance de Ramolli (La).	2	1	4 »
L. Roques.	Vénus infidèle (Retour de mars) d.	1	2	4 »
Autigeon.	Vie de garçon (La) d.	6	16	loc.
L. Jancey	Viens mon Toutou	1	1	loc.
Lebreton-Moreau	Vierges du chahut (Les) d.	5	10	loc.
Bouvet-Arribat.	Vieux, le Melon et le Rat (Le)	4	3	loc.
Harry Blount-Fab. Lémon	Vieux Marcheur de la Scala (Le)			
Moreau	Villa des Gaffes (La). d	6	6	loc
Lebreton-St-Paul.	Vingt-cinq minutes d'arrêt.	2	2	loc.
Burani-Planquette.	Vingt-huit jours de Champignolette d.	6	4	loc.
Vallès-Talber.	Vingt-huit jours de Gorenflot (Les).	7	3	loc.
Ratcée-Bordeaux	Vive la Classe d	6	8	loc.
Normand-Vallès	Vive les Bleus.	7	4	loc.
De Marsan.	V'nez donc nous voir	4	3	loc.
Lebreton-Moreau	Vocation d'Isoline (La)	1	2	5 »
Jacobi	Voilà l'plaisir, mesdames	1	1	4 »
Ch. Hubans	Voiture à vendre d.	2	»	4 »
Lebreton-Moreau.	Volontaire de 92 (Le) d.	7	2	4 »
Tac-Coen	Volontaire et vivandière.	1	1	4 »
P. Talber-Delattre	Volupté des dames (La).	4	3	loc.
L. Valbert-A. Verse.	Y a du coton	7	6	loc.
Guy-Nory-Marius	Zidore d.	»	7	loc

Livrets d'opérettes et de vaudevilles en 1 acte. net : 1 franc. Ceux en 2 actes, net : 2 francs.

Vannes. — Imp. LAFOLYE frères

www.ingramcontent.com/pod-product-compliance
Lightning Source LLC
LaVergne TN
LVHW010015230826
846092LV00002B/827

* 9 7 8 2 0 1 9 9 1 3 4 6 5 *